$Lb \, \frac{49}{56}.$

LA
NIÈCE D'UN ROI.

De l'Imprimerie de Gaultier-Laguionie,
HÔTEL DES FERMES

La Nièce d'un Roi.

Paris.

1824.

À l'Auteur

Des Aventures de la Fille d'un Roi.

Monsieur,

J'ignore si vous êtes mort ou vivant; mais votre silence m'a paru une autorisation tacite de rendre publiques, à mon tour, les confidences qu'a daigné me faire votre héroïne, depuis qu'elle a pris un titre nouveau. Puisse ma voix appeler sur elle le même intérêt!

***

5 Octobre 1824.

La Nièce d'un Roi.

Il y a trois ans qu'un jeune Français, touché de mes malheurs, publia le récit de mes *aventures*. Il me laissa, je crois, sur un vaisseau, livrée aux douces erreurs d'un songe. A mon réveil, quelques journaux, apportés par un esquif, m'apprirent que le bruit de ma mort était généralement répandu dans le royaume de mon père. Le peu d'amis qui m'étaient restés fidèles osaient à peine donner en secret une larme à mon souvenir... Attristée de ces nouvelles, je voulais aller sur-le-champ me jeter aux genoux de mon auguste père, pour lui faire entendre la vérité; mais, exilée, méconnue, chassée de la cour malgré ma royale naissance, comment parvenir encore jusqu'au trône? J'essayai du moins de ranimer le zèle de mes partisans. Instruite que mes gouverneurs allaient renouveler les officiers de ma chambre, je descendis sur le rivage, et je me dirigeai vers le Forum, où l'urne des destins devait révéler le nom de ceux qui seraient chargés *de m'observer pendant mon absence*. Mêlée à la foule, sans être reconnue, tant j'étais défigurée, j'allais, j'errais, j'interrogeais tout le monde : là, on me disait que des instructions, qu'on osait présenter comme frappées du sceau de la justice, proscrivaient la conscience; là, on s'élevait contre *les chevaliers du tourniquet;* là, c'était le père de famille condamné à mentir à son honneur ou à compromettre l'avenir de ses enfants. Indignée de ce système de corruption, je tentai vainement d'élever la voix : l'édile qui présidait l'assemblée me prit à mon langage pour une étrangère; on traita de séditieuses mes représentations; enfin, on me chassa du Forum. J'ai su, depuis, que, pour le service de ma chambre, il y avait eu *beaucoup d'appelés, et peu d'élus;* et que mes gouverneurs, amis de la puissance et du repos, avaient imaginé de conserver en masse pendant sept ans les chambellans, pour la nomination desquels j'avais été si peu consultée. C'est une habitude empruntée à ma mère; mais tout ce qui lui convient ne peut pas également me convenir, à moi, qui habite un autre climat et qui ne suis pas encore entièrement formée. Ma constitution fut donc ébranlée de ce nouveau coup. Je songeai à m'en plaindre aux renommées du jour; mais une telle inquisition pesait sur celles qui étaient restées incorruptibles, que j'aurais cru être indiscrète de leur demander de parler en ma faveur. Les autres, Danaés politiques, n'avaient pas été insensibles à la pluie d'or qui tombait des mains du fils de ce respectable seigneur qui avait *renoncé aux lettres* pour diriger les affaires d'une grande maison. L'hôtel de ce jeune courtisan était devenu un bazar littéraire où l'on trafiquait de la vérité. C'est lui qui, à l'occasion de son nom, qui rappelle, plus encore peut-être que ses discours, le plus célèbre orateur de la Grèce, disait un jour avec une touchante ingénuité : *Non, je n'ai pas son éloquence, mais il n'aimait pas plus que moi son roi légitime!* Son père lui a abandonné une des branches les plus brillantes de son administration :

il préside aux sanctuaires des Lettres et des Arts, et déjà il a eu pour les Musées une idée neuve, à laquelle sans doute personne n'aurait songé. Il a fait placer son buste, à la longue chevelure, dans la salle des grands hommes : c'est toujours un à-compte sur la postérité.

Voyant que mon amitié devenait pour mes partisans une source de persécutions, que tous n'avaient pas le courage ou le pouvoir de supporter, je pris le parti de m'éloigner de nouveau. Mais où fuir? où chercher un asile? Les souverains du nord m'ont interdit l'entrée de leurs états. Ma cousine d'au-delà des Alpes a péri sous le fer du vainqueur; ma cousine d'au-delà des Pyrénées a succombé dans les cachots de l'inquisition... Je remontai sur mon vaisseau, et, avide de respirer l'air de la liberté, je dirigeai ma course vers la terre des Miltiade. Je voguais lentement sur les flots, la nuit était brûlante, les vents retenaient leur haleine; une voix se fit entendre au milieu de ce calme. Elle chantait, je prêtai l'oreille à ses accents :

« Pourquoi ces vieux guerriers ont-ils brisé leurs armes ?
Pourquoi les a-t-on vus accusant de leurs larmes

L'inclémence du Sort?
D'où vient que tout-à-coup, rassurés sur le trône,
Les Rois ont avec joie essayé leur couronne?...
Il se meurt!..... Il est mort!...

« Il est mort!.... des proscrits les ombres désolées
N'habitent pas des Rois les pompeux mausolées :
Celui dont l'univers
N'admirait qu'en tremblant la majesté suprême,
Au rocher de l'exil, le front sans diadême,
Expire dans les fers.

. . . .

. . . .

« Que le fier Léopard déchire dans sa rage
Les timides rivaux qu'à son affreux courage
Il a sacrifiés ;
Mais doit-il dévorer, étendu dans la poudre,
L'Aigle dominateur qui, frappé par la foudre,
Vient tomber à ses piés.

« Venez, Rois! à sa mort l'intérêt vous convie ;
Il meurt loin de son fils, et loin de sa patrie,
Veuve de ses lauriers.
Approchez.... Vous tremblez! Je conçois vos alarmes :
Sur son lit de douleur il a repris ses armes
Et ses habits guerriers!

« Et vous, soldats, tressez sa couronne funèbre;
Dépouillez de leurs fleurs le Borysthène et l'Èbre,
  Le Tage et l'Éridan;
Appelez en tribut l'Égypte et la Syrie;
Unissez au laurier qui croît dans l'Illyrie,
  Les palmes du Liban.

« Quelle foule au désert court en pélerinage?
Gloire! gloire au héros! sa tombe est l'héritage
  Des siècles à venir.
Que de jeunes guerriers, remplis de sa mémoire,
Iront devant son ombre étudier la gloire
  Et rêver l'avenir!

« Que sert au chêne altier l'orgueil de son ombrage,
Lorsque le temps attache un éternel outrage
  A ses rameaux flétris?
Il tombe, et du géant le fer punit l'audace;
Demain l'œil étonné demandera la place
  Où gissaient ses débris.

« Mais le grand homme échappe à la nuit du silence.
Dédaigneux de la tombe, il renaît, et s'élance
  Vers la postérité.
Les siècles sont vaincus, et le laurier d'Achille
S'élève et rajeunit sur la terre fertile
  De l'immortalité.

C'était sans doute un jeune pélerin qui revenait de la Mecque des guerriers. Quoiqu'il eût célébré dans ses chants le plus redoutable ennemi de mon père, je m'associai secrètement à cet hommage de deuil; et, l'ame encore émue au souvenir d'une grandeur au tombeau, je débarquai sur les rives de la Grèce pour assister à la renaissance d'une antique gloire. O Grèce! il n'est plus vrai de dire que les échos d'Athènes et de Sparte ont désappris les grands noms de Thémistocle et de Léonidas, et que les bords de l'Eurotas et les champs de Marathon ne produisent plus de lauriers. La liberté, en frappant ton sol héroïque, a réveillé, cette foule de guerriers qui s'étaient endormis dans leur immortalité. Ils se sont relevés, ces Athéniens qui brûlèrent leurs maisons pour habiter la flotte de Salamine; ils sont debout, sur le roc des Thermopyles, ces trois cents qui, le front couronné de fleurs, coururent à la mort comme à une fête donnée à la patrie. O Grèce! puisse la victoire suivre partout ta croix et tes étendards! puisse ton glaive, comme autrefois, refouler jusqu'en Asie la barbarie et l'esclavage!.... Tels étaient les vœux que

j'adressais au ciel pour une contrée si digne de sa protection. Je savais qu'ils étaient partagés par un poète illustre, qui, forcé par de misérables persécutions d'abandonner l'île qui lui avait donné le jour, avait retrouvé une patrie dans le pays de la gloire et de la liberté, et lui avait dévoué sa fortune, son courage, et sa vie. Son visage était beau, mais on voyait qu'il réfléchissait une ame agitée. Ses regards paraissaient inquiets, son sourire était doux et mélancolique ; naturellement rêveur, il semblait ne s'arracher à ses rêveries que par un mouvement convulsif, comme si ses pensées pesaient sur son ame. On sentait qu'il vivait plus en lui-même, et avec son imagination, qu'avec le monde et ses usages; et une sorte de dédain pour les choses vulgaires et pour les détails de la vie perçait dans tous ses goûts et dans toutes ses habitudes. « Et moi aussi, me dit-
« il brusquement, je suis du sang des rois, et je
« suis proscrit. Ma jeunesse fut orageuse, il s'y
« mêla quelque gloire, mais l'amour devint mon
« bourreau. Mon orgueil s'indigna d'un refus,
« j'appelai à mon secours toutes les séductions de
« la tendresse et du génie; je triomphai : mais,

« après l'ivresse du triomphe, j'en dédaignai le
« prix. La vengeance des femmes, comme leur
« bonté, n'a point de bornes. Je devins l'objet
« de la calomnie; des livres furent composés, où
« je suis peint sous des traits odieux; *cependant*
« *j'avais donné bien peu de séances pour que mon*
« *portrait pût être ressemblant....* Enfin je m'ex-
« patriai. Je promenai sous divers climats ma
« course aventureuse, et partout je portai cette
« impatience du repos, cette exaltation d'une
« ame passionnée, ce trouble qui ressemble au re-
« mords..... J'étais dans cette cité, qui sortit comme
« une autre Vénus du sein des eaux : assis au
« bord de la mer, je demandais à ma lyre de ces
« accords qui endorment les douleurs des pros-
« crits, lorsque les échos de l'Adriatique m'appor-
« tèrent le cri de liberté qui s'était élevé de la
« Grèce. J'accourus. Déjà des flots de sang ont
« rougi cette terre; j'ai vu des villes livrées aux
« horreurs du carnage et de l'incendie; j'ai vu un
« insolent pacha pavoiser son vaisseau de têtes
« humaines! Et pas un souverain n'a tiré son
« glaive pour trancher la queue de cheval où les
« barbares ont suspendu le signe révéré des chré-

« tiens! C'est donc à un poëte à voler au secours
« d'un peuple de braves et de malheureux. Hélas! je n'ai que ma lyre : mais, comme Thyr-
« tée, du moins, je les animerai aux combats,
« et je les guiderai à la victoire ou au martyre. »
L'infortuné! tandis qu'il parlait, la mort glaçait
déjà la main qui devait accorder cette lyre; la
mort n'a pas permis que celui qui *chantait comme
Homère mourût comme Achille*. Ce coup inattendu fut pour la Grèce une calamité publique.
Je mêlai mes larmes aux honneurs funèbres que
tout un peuple en deuil rendit au héros-poëte
mort si jeune pour les muses, pour la gloire et
pour la liberté.

Mais, sur ces bords étrangers, le souvenir de ma
patrie m'occupait sans cesse; j'interrogeais tous
les voyageurs qui pouvaient m'en donner des
nouvelles. J'appris ainsi la grande querelle qui
s'était élevée entre deux de mes gouverneurs.
Ce beau génie qui dans le temps où je brillais à
la cour de mon père avait daigné semer sur mes
pas quelques fleurs orientales, s'était assis pendant
mon absence sur le banc du Pouvoir. Il avait
remplacé un grand seigneur qui, dans sa jeu-

nesse, pendant une nuit d'été, s'était si noblement dépouillé de son manteau de noblesse. Cet héritier des connétables, appelé dans un congrès, avait voté pour une guerre toute monarchique; le chef de mes gouverneurs avait paru professer une opinion contraire. Cependant, ô bizarrerie des destinées politiques! l'homme nouveau et pacifique se maintient au pouvoir, et le personnage historique et belliqueux tombe. Son successeur ne tarda pas à le suivre dans sa chûte : *En vain l'harmonie de ses paroles était douce comme les sons du chichikoué; il n'a pu fumer avec ses collègues le calumet de paix; sa grandeur s'est écoulée comme la rosée des orages du cœur.....* Mon gouverneur, le financier, s'éveille un jour gros d'un projet qui devait réaliser pour les états de mon père le cours fabuleux du Pactole. Mais quelle est la minerve qui sort du front de ce nouveau Jupiter? C'est cette pâle déesse à l'œil faux, au joues décharnées, aux dents longues, aux mains crochues, qui, toujours insatiable, dévore à la fois le pain du pauvre et les trésors du riche, et engloutit dans le même gouffre la force, la richesse, et l'honneur des empires. Les

2

officiers de ma première chambre ne furent point effrayés à l'aspect de cette Pallas dont la tunique était tout hérissée de chiffres, et qui, pour égide, portait un grand livre rogné. Il est vrai qu'on avait pris soin de leur déguiser sa laideur sous un masque juif artificieusement doré. Ils déclarèrent donc, par ordre, que ce qui ruine enrichit et que quatre valaient plus que cinq. Mais, conformément à un usage solennel, on demanda aux officiers de ma grande chambre s'ils adoptaient cette morale et ces calculs. C'est là que mon gouverneur, le romantique, se trouva en opposition avec mon gouverneur le financier. Les plus nobles champions prirent parti dans cette lutte, et ceux qui étaient admis aux plus intimes pensées de mon père, et ceux qui l'accompagnaient dans ses promenades, et ceux qui étaient assis sur les marches du trône. On entendit aussi avec le plus touchant intérêt cet homme généreux dont la belle carrière, consacrée tout entière à la pratique des vertus et au soulagement de l'humanité, n'est qu'une longue suite de bienfaits; qui introduisit dans sa patrie le contrepoison de ce fléau qui enlevait tant d'enfans aux caresses de leurs mères, ou flétrissait la beauté d'outrages irréparables; ce sage enfin, que les pauvres et les orphelins appellent encore leur père, malgré le caprice arbitraire qui a arraché de ses respectables mains le ministère de la bienfaisance publique. Mais ce qui exerça la plus décisive influence, ce qui parut entraîner les esprits, c'est la Religion prêtant sa voix à l'indigence et au malheur par l'organe éloquent d'un de ses premiers ministres. Le nouveau plan de finances fut rejeté; le nombre cinq qui est le nombre des rentiers, comme le nombre trois est le nombre des dieux, fut rétabli dans toute la légitimité de ses droits ; la confiance se raffermit; la joie rentra dans toutes les familles, et l'encens de la reconnaissance publique brûla devant ma grande chambre. Mon gouverneur le romantique triomphait : sa victoire passa *comme une brise légère.* Ses lauriers d'un jour furent offerts en holocauste au dépit de mon gouverneur le financier. Un des officiers préposés à la garde intérieure du château de mon père l'avertit de sa disgrace le jour même où il avait invité et la cour et la ville à la table des festins. Hélas ! *tous les convives qui avaient quitté leur savanne domestique pour venir boire le nectar de la faveur dans la coupe de l'hospitalité, ne trouvèrent plus que le désert et un viel esclave qui, la hallebarde et le nez penchés vers la terre, racontait aux pélerins de la solitude le grand secret de sa mélancolie.*

Le noble martyr avait perdu le sceptre du Pouvoir, mais il avait conservé sa plume qui est aussi une puissance ; et chaque matin, il lançait un nouveau manifeste. Un officier de ma chambre qui s'annonçait sur son étendard, comme l'*Aristarque* de la conduite de mes gouverneurs, vint s'offrir à lui pour auxiliaire dans *ses débats politiques*. Ce nouveau chevalier, dont les troupes peu nombreuses portent des habits blancs de forme gothique et manœuvrent quelquefois à reculons, évoquait, pour se mettre en campagne, un ancien droit de guerre. On arrête ses pas, on le traduit au banc de la haute cour ; ses titres sont reconnus dans le sanctuaire des lois ; et, proclamé libre, il poursuit sa marche, bannières déployées. Le peuple, toujours ami de la justice, parce que la justice est son premier intérêt, applaudit au courage consciencieux des juges ; mais mes gouverneurs ne prennent conseil que de leur frayeur ou de leur vanité. L'un deux, que le hasard lui-même s'étonne de voir sous l'hermine, tire imprudemment sur ses propres troupes. Il dépouille de la robe magistrale un orateur dont l'oreille a osé écouter ce qu'il était dans ses devoirs d'entendre ; il apprend à douter des tribunaux et à mépriser leurs arrêts. C'est peu : il faut une grande réparation pour consoler de petits amour-propres ; il faut amortir tous les échos de la voix publique ; il faut mettre un terme à cette guerre à l'encre et réprimer l'audace de ces soldats de papier. Par ordre de mes gouverneurs, on les enchaîne ; on place à leurs côtés des archers d'une nouvelle espèce, armés de longs ciseaux. Ces geoliers de la pensée et de l'esprit ne communiquent point avec leurs prisonniers : mais ils ont ordre de les arrêter ou de les mutiler dès qu'ils veulent faire un pas au-delà du cercle de fer qui les environne.

A cette douloureuse nouvelle, je perdis la parole ; mais un plus grand malheur m'attendait : c'était au sein même de ma famille qu'il devait me frapper. La renommée toujours prompte à publier ce qui se passe dans le palais des rois, répandit bientôt dans toute l'Europe que la santé de mon auguste père était profondément altérée. Je partis sur-le-champ pour venir recevoir sa bénédiction : mais les nombreux obstacles que je rencontrai sur ma route, ne me permirent pas de le voir avant son dernier soupir. Pourquoi le ciel m'a-t-il envié cette douce et triste consolation! J'aurais admiré son courage au lit de la mort. J'aurais vu comme une ame forte survit tout entière à un corps déchiré d'infirmités. J'aurais joint mes sanglots aux pleurs de sa royale famille; comme elle, je serais tombée à genoux pour baiser cette main glacée qui avait élevé un si beau monument à ma gloire.... Les courtisans attendaient avec anxiété dans une galerie voisine la fatale nouvelle : les portes s'ouvrent, le premier officier du palais s'écrie : LE ROI !.... Un frémissement involontaire se répand dans toute l'assemblée ; ce principe qui rend la royauté impérissable, ce mélange solennel de la vie et de la mort, l'apparition soudaine du roi montant au trône à l'instant même où le roi descend au tombeau, tout jette dans l'ame un sentiment de respect et de terreur. Ceux qui ont un long usage des cours épient froidement le visage du nouveau maître pour solliciter un premier regard de faveur; mais ses yeux sont voilés d'un nuage de larmes. Il part, il va cacher dans la retraite ses pleurs et ses regrets. La foule des courtisans se précipite sur les pas du prince qui va régner, et la Religion veille et prie auprès des restes du prince qui n'est plus.

Il était d'usage, sur les bords du Nil, de juger publiquement les rois après leur mort : ceux qui étaient déclarés indignes d'avoir porté la couronne n'étaient point admis aux pyramides. Dans les États de mon père, le peuple n'est point investi de cette suprême magistrature; c'est l'histoire qui recueille mystérieusement les matériaux du piédestal sur lequel elle présente les monarques aux regards de la postérité; mon père occupera une grande place dans l'avenir, parce qu'à lui seul il est une époque; parce qu'il a courageusement supporté les deux plus grands écueils de la faiblesse humaine, le malheur et la mort; parce qu'enfin il m'a donné le jour. Oui, je ne puis songer sans orgueil que, comme il se plaisait à le dire lui-même, je suis *son plus beau titre de gloire.* En vain, dans les derniers temps de sa vie, on m'a dénaturée à ses yeux, en vain on m'a éloignée de ses dernières caresses; nous resterons inséparables dans les siècles futurs.

Une coutume antique me permit du moins de contempler encore une fois ses augustes traits; j'eus aussi le douloureux honneur de jeter l'eau sainte sur le cercueil où ses restes venaient d'être déposés, et de les accompagner, triste et cachée dans la foule, jusqu'à cette vieille basilique qui a recueilli la poussière de tant de rois. Là, peu versée dans les anciens usages de la cour, j'espérais entendre prononcer l'éloge de mon auguste père; mais j'appris que cette cérémonie ne devait avoir lieu que quarante jours après les funérailles. C'est, m'a-t-on dit, un prélat environné de l'éclat des dignités temporelles et spirituelles, qui doit prononcer cette oraison funèbre. Le corps des lettrés l'a admis dans son sein *sur parole*, car il n'a encore rien écrit. Son éloquence a donc besoin d'avoir un effet rétroactif. On prétend que tout le monde sort content de *ses conférences*; je veux lui en demander une pour le supplier de ne point séparer mon souvenir de la mémoire de mon père, et je viendrai l'écouter le jour où l'on descendra le cercueil royal dans ces caveaux où tant de majestés passagères se sont humiliées devant La Majesté éternelle.

Jusque-là mon cœur n'avait rencontré que des sujets de deuil et de tristesse. Un nouveau règne allait s'ouvrir sous les auspices du frère de mon père; on vantait partout sa grace et sa bonté : mais, toujours entouré de mes anciens gouverneurs, daignerait-il me rappeler auprès de lui?.... Tout-à-coup j'apprends qu'en répondant aux félicitations des officiers de ma chambre, il a prononcé mon nom. Transportée de joie, je cours, je vole, j'arrive à son palais. En vain les gardes, effrayés sans doute du désordre qui régnait dans toute ma personne, voulaient m'en interdire l'entrée. Le Roi, qui m'aperçoit, dit : *Laissez avancer, point de hallebardes.* Je me précipite à ses pieds, et, d'une voix interrompue par mes pleurs et par mes sanglots, je m'écrie : « C'est moi, sire, c'est la malheureuse
« fille de votre auguste frère qui embrasse vos ge-
« noux. J'ai tant souffert, ils m'ont fait tant de
« mal, je suis si changée, que vos yeux, je le vois,

« ont peine à me reconnaître. On m'a calomniée
« dans l'esprit de mon père, on m'a bannie, on a
« déchiré mon image aux yeux de la nation........
« Sire, vous qui avez déjà fait serment de m'ai-
« mer, de me protéger; vous, qui n'avez *jamais*
« *promis en vain*, prenez pitié de mes infortunes.
« Votre tendresse me rendra ma gloire, et je
« sens, à l'amour que votre peuple a pour moi,
« que je ne serai pas étrangère à votre bonheur. »
Touché de ma prière et de ma reconnaissance,
le Roi me dit en me relevant : « J'ai promis
« comme sujet de vous protéger et de maintenir
« les principes que vous devez au souverain dont
« le ciel vient de nous priver; aujourd'hui, que
« ma naissance a fait tomber le pouvoir entre mes
« mains, je l'emploierai tout entier à consolider,
« pour le bonheur de mon peuple, vos droits, que
« j'ai promis de maintenir. Oui, ma nièce, vous de-
« viendrez ma fille adoptive. » Et, me prenant par
la main, il me présenta à son fils, qui fut charmé de
me revoir, et aux seigneurs de la cour : les plus
jeunes me firent bonne mine; les ailes de pigeon,
seules frémirent de mon retour. J'obtins l'agrément
du Roi, mon oncle, pour faire graver sur le bronze

les paroles bienveillantes qu'il avait daigné m'adresser; ce soin fut confié à un officier de ma chambre que j'avais remarqué plusieurs fois; non qu'il fût des plus empressés à me faire sa cour; mais j'aimais sa figure numismatique et le négligé de sa parure. Il me semblait voir une antiquité vivante; on eût dit qu'il avait hérité des lunettes de Ptolémée, de la chaussure de Commode, et de la tunique de Crassus.

Quant à mes gouverneurs, qui avaient si douloureusement compromis mon existence, je ne me serais pas cru en sûreté entre leurs mains, si le Roi, mon oncle, n'avait admis au conseil qui règle mes destinées, ce fils qui a su populariser les lys en les mêlant aux lauriers du soldat. Dès le premier jour, sa présence a été marquée par un bienfait accordé à la province dont il porte le titre. Des lycées ont été rouverts, les pauvres ont été consolés, des prisonniers ont été rendus à la liberté; des graces sont descendues du haut du trône. C'est, précédé de ces actes de clémence et de bonté, que le Roi est rentré dans sa capitale. Le noble marquis de l'Étiquette, si savant dans la connaissance du temps.... passé, n'avait point prévu que la pluie viendrait ce jour-là, sans cérémonie, se mettre du cortége. L'enthousiasme n'en a pas moins été universel ; le peuple paraissait *affamé de voir un roi à cheval.*

Mais le soleil se para de ses plus beaux rayons pour éclairer le jour où le roi, mon oncle, passa ses troupes en revue. La veille il avait daigné me faire entrer au conseil avec mon illustre cousin. Autorisée à faire valoir mes droits sur la liberté d'écrire et de penser, je m'élevai avec énergie contre les dragonnades de la littérature ; mon cousin prêta a mes paroles son auguste assentiment ; une terreur panique s'empara de mes gouverneurs ; ils ajustèrent leurs avis sur les intentions du trône, brisèrent les ciseaux des nouvelles Parques, et levèrent le sequestre qu'ils avaient mis sur la Pensée publique. A cette nouvelle, un concert unanime de félicitations salue le roi et son digne fils. Jamais cérémonie militaire n'avait attiré de plus joyeux regards. On admirait la magnificence des troupes ; on aimait à voir autour du roi des princes dont on avait quelquefois regretté la présence ; on se plaisait à contempler cette touchante harmonie de la famille royale, gage de force et de prospérité pour le trône. Le peuple était dans l'ivresse ; le Roi rentra dans son palais, le cœur abondamment rempli de la plus « douce joie. « Eh bien, sire, lui dis-je, encore tout « attendrie de ce que je venais de voir : la voilà, « cette nation que des hommes intéressés à men-« tir avaient représentée comme une bête farouche « qu'il fallait museler et garotter ! que de béné-« dictions ont accompagné vos pas jusqu'au « temple où vous alliez implorer la Vierge Im-« mortelle pour le bonheur de vos sujets ! A peine « vous êtes-vous assis sur le trône, que déjà la « confiance a passé dans tous les rangs de la so-« ciété. On cite, dans les comptoirs comme dans les « salons, cette foule de traits charmans qui échap-« pent à votre cœur, et la gaîté nationale s'exhale « en éloges et en bons mots. La liberté rendue à la « pensée esclave ; les entrées à la cour données à « la Vérité, assurent au roi la reconnaissance de « tous les esprits généreux. Ma réhabilitation dans « mes droits rattache au trône mes amis qui n'at-« tendaient que l'occasion de s'en rapprocher. « Votre majesté les a vus, encouragés par un sou-

« rire, apporter à ses pieds un respectueux hom-
« mage. Elle a même daigné aller au-devant du
« premier embarras; et, prenant pour modèle ce
« prince qui embrassait ses ennemis, et plaçait
« dans ses gardes le soldat qui l'avait blessé, elle
« ne s'est souvenu, en recevant d'illustres guer-
« riers, que de leurs exploits ou du soin qu'ils
« avaient pris d'adoucir de funestes devoirs. Et
« croyez-vous, Sire, qu'un peuple aimant, sensible
« et généreux, oublie ou méconnaisse tant d'amé-
« nité, de franchise et de grace ? Non, non !
« poursuivez cette marche loyale et glorieuse, et
« la Postérité n'aura plus à dire qu'il n'y a qu'un
« seul roi dont le peuple ait gardé la mémoire. »
Le Roi m'embrassa tendrement; et, fière autant
qu'heureuse de ses caresses, je me dis tout bas :
« *Mon père est mort, vive mon oncle !* »

www.ingramcontent.com/pod-product-compliance
Lightning Source LLC
Chambersburg PA
CBHW060614050426
42451CB00012B/2249